LÉON PARSONS

Le Cas Millerand

ET LA

DÉCISION

DU

Congrès Socialiste de Paris

DESSINS DE COUTURIER

PARIS

LIBRE D'ÉDITION DES GENS DE LETTRES

30, RUE LAFFITTE

1900

Le Cas Millerand

LÉON PARSONS

Le Cas Millerand

ET LA

DÉCISION

DU

Congrès Socialiste de Paris

DESSINS DE COUTURIER

PARIS
SOCIÉTÉ LIBRE D'ÉDITION DES GENS DE LETTRES
30, RUE LAFFITTE

1900

On a dû renoncer à la loi d'airain des salaires. Il faudra bien renoncer aussi à la loi d'airain du pouvoir politique.

Jean Jaurès.

LE CAS MILLERAND

———

En même temps que se poursuit, au sein de la
« sociale-démocratie » allemande, une lutte doc-
trinale entre les représentants de la tactique
marxiste intransigeante, comme Karl Kautsky, et
les partisans des idées récemment développées par
Edouard Bernstein ('), c'est sur le terrain même
de l'action pratique que se manifeste une crise
analogue dans le socialisme français.

Sans entrer, ici, dans certains détails théoriques, disons que les écrits de Bernstein légitiment

('') E. Bernstein. — *Socialisme théorique et sociale-démocratie
pratique*, traduction d'Alexandre Cohen. — P.-V. Stock, édi-
teur.

1.

l'entrée d'un socialiste dans un ministère bourgeois, puisqu'ils admettent que les institutions libérales de la société moderne sont assez flexibles pour être développées et transformées dans le sens de l'idéal socialiste, sans qu'il soit nécessaire de les briser. Bien différente est la thèse adoptée par Jules Guesde, Vaillant et Lafargue dans le manifeste qu'ils adressèrent à la France ouvrière au lendemain du jour où Millerand crut devoir entrer, sous sa responsabilité personnelle, dans le ministère Waldeck-Rousseau. Faisant allusion à l'acceptation par Millerand d'un portefeuille dans le ministère de défense républicaine, ils affirment que « le parti socialiste, parti de classe, ne saurait devenir, sous peine de suicide, un parti ministériel. » « Il n'a pas à partager le pouvoir avec la bourgeoisie, dans les mains de laquelle l'Etat ne peut être qu'un instrument de conservation et d'oppression socialiste. Sa mission est de le lui arracher, pour en faire l'instrument de la libération et de la révolution sociale. »

« Parti d'opposition nous sommes, ajoutaient les signataires du manifeste, parti d'opposition nous devons rester, n'envoyant des nôtres dans les Parlements et autres assemblées électives qu'à l'état d'ennemis, pour combattre la classe ennemie et ses diverses représentations politiques. »

Il faut le reconnaître, c'est la pure tactique révolutionnaire, qui est préconisée ici, celle qui se base sur une conception simpliste de la lutte de classes exposée par Engels dans divers écrits et reproduite dans presque tous les programmes collectivistes, sous la forme de revendications *maxima*, lesquelles sous l'action des évènements politiques, des conflits sociaux, des crises économiques, sont régulièrement contredites par une série de réformes dites *minima*, constituent le programme d'action immédiate, le seul qui ait une véritable importance, car il est le seul qui corresponde aux nécessités économiques de la société actuelle. Je développerai ce point de vue.

Pour le moment, qu'il me suffise de dire que c'est Jules Guesde qui, un des premiers, a compris la nécessité pour le socialisme d'abandonner la contemplation vaine des perspectives indécises de la société future et de substituer à l'attente d'une catastrophe aléatoire l'activité pratique, la politique des réformes et des acquisitions successives. Aussi est-ce avec étonnement que l'on a vu son nom au bas d'un manifeste qui était le signal d'un brusque retour en arrière dans la voie suivie depuis vingt années par les militants du *parti ouvrier français*.

Les déclarations qui viennent d'être citées furent signées légitimement par les membres du P. S. R. (parti blanquiste) et par ceux de l'Alliance com-

GROUSSIER

muniste révolutionnaire (Dejeante et Groussier
entre autres). Elles auraient pu l'être également
par Allemane, dont elles expriment exactement la
politique d'agitation parlementaire. Mais ce qui a
surpris, c'est qu'elles aient été rédigées par Jules
Guesde et signées par les membres du P. O. F.
(Carnaud-Chauvin-Zévaès...) Elles sont la négation des efforts de Guesde dans le but d'établir

DEJEANTE

progressivement, par le jeu légal des élections, ce
qu'il a lui-même appelé « la dictature du prolétariat ». D'une phrase, il se serait rejeté à l'ex-
trème gauche du socialisme, si les événements
ultérieurs, l'issue heureuse du Congrès général
n'avaient pas réalisé l'unité socialiste ; il serait
devenu l'allié des Guérard, du Syndicat des
chemins de fer, des Pelloutier, de la Fédération
des Bourses du travail, cotoyant, dans une action
révolutionnaire commune, comme il est arrivé

déjà aux allemanistes, les Jean Grave et les Sébastien Faure. Il est douteux que ces derniers aient accueilli de bonne grâce celui qu'ils ont flétri autrefois. La place de Jules Guesde est dans les rangs du parti socialiste unifié. Le temps des chapelles et des sectes est accompli. Le socialisme devient un grand parti vivant, se développant au grand air, brisant tous les cadres dans lesquels on a voulu l'enfermer. Le mérite de Jules Guesde est d'avoir contribué à l'émanciper des dogmes. Qu'il ne prétende pas aujourd'hui lui imposer le dogme *révolution*.

C'est à lui en effet que doit revenir l'avantage d'avoir su organiser l'unité parlementaire au profit du collectivisme, dont le P. O. est l'expression la plus exacte. Comme l'a fort bien remarqué un orateur, au Congrès général du Parti, Jules Guesde a su admirablement bien faire participer au développement des idées socialistes la belle intelligence de Millerand. Il agit de telle sorte que le banquet des municipalités socialistes à Saint-Mandé consacra définitivement le triomphe théorique du collectivisme. Rappelez-vous les termes du discours de Millerand : il constate que l'évolution économique de la société se poursuit dans le sens du collectivisme et il pose les bases d'un programme minimum de réformes immédiatement réalisables.

Puis, il ajoute que « pour réaliser les réformes immédiates susceptibles de soulager le sort de la classe ouvrière et de la rendre aussi plus apte à conquérir elle-même son émancipation, pour commencer dans les conditions déterminées par la socialisation des moyens de production, il est nécessaire et suffisant au parti socialiste de poursuivre, par le suffrage universel, la conquête des pouvoirs publics. »

L'entrée de l'orateur de Saint-Mandé au ministère Waldeck-Rousseau n'est que la conséquence fatale de la doctrine du socialisme réformiste. Elle est conforme à la tactique approuvée par Jules Guesde lui-même dans les paroles suivantes qui furent prononcées à la suite du discours de Millerand.

« Je bois, a dit Jules Guesde, à la nouvelle union socialiste (union avec conditions), réclamée à la fois par le développement du parti et par les responsabilités qui peuvent lui incomber demain. Qu'il soit au bout de l'évolution pacifique et légale qui s'achève, ou qu'il doive s'opérer révolutionnairement, — si le suffrage universel, la seule arme qui nous reste, venait à être entamée en nos mains — le prochain avènement au pouvoir politique du prolétariat organisé ne fait doute pour personne. »

Il est difficile d'établir une conciliation entre

les termes de cette déclaration et ceux du manifeste adressé à la France ouvrière. Il est également mal aisé de comparer, sans qu'il y ait contradic-

ZÉVAÈS

tion, les termes dudit manifeste avec le travail législatif auquel a collaboré Jules Guesde durant plusieurs années. Car il n'est pas exact de dire que les députés socialistes ne se soient trouvés au Parlement qu'en « ennemis pour combattre la classe

JAURÈS

ennemie. » Ils ont bel et bien collaboré avec elle dans diverses occasions que je vais rappeler. Et

cette action parlementaire a été consciemment ins-
pirée par Jules Guesde.

C'est par la bouche même de son leader que le
parti socialiste a exprimé, à maintes reprises, son
intention de soutenir certains projets du gouvernement, quoiqu'ils ne le satisfassent pas complètement. Les députés socialistes ont facilité sa tâche
à M. Barthou, lorsque celui-ci a déposé un projet
de loi sur l'assistance de la vieillesse. Ils ont défendu
le principe du service d'un an, la nécessité de
venir en aide aux coopératives. Enfin, le ministère
Bourgeois a consolidé l'esprit gouvernemental du
Parti socialiste, sans distinctions de nuances.
Blanquistes, avec Vaillant, collectivistes, avec Jules
Guesde, ont admis le programme de M. Bourgeois
et soutenu le ministère dans leurs journaux.
C'est ainsi que le *Socialiste*, organe officiel du P. O.
F. a, dans une série d'articles, fait ressortir le
caractère socialiste immédiat de l'impôt sur le
revenu ; et ceux qui savent que Zévaès est le reflet
fidèle des conversations de son maître, se rappel-
lent encore ses enthousiastes apologies de M. Dou-
mer, « qui, disait-il, au fond, est un guesdiste. »

La grève de Carmaux marque un nouveau pas
dans la voie réformiste. Tout en faisant des réserves
sur le côté utopique de la Verrerie ouvrière, les
guesdistes ont apporté leur concours à l'entreprise
de Jaurès. On se rappelle aussi que, dans une

réunion donnée à Tivoli-Vaux-Hall, Jaurès fut applaudi par les collectivistes lorsqu'il employa, pour la première fois, l'expression de « Parti socialiste républicain ». « Le moyen pacifique est le bon, dit-il, dans la lutte contre le capital. »

Au cours des passionnants débats qui se sont déroulés devant mille délégués venus de tous les coins de France pour traiter, dans une assemblée solennelle, des destinées du socialisme français, plusieurs orateurs ont précisé les diverses occasions dans lesquelles le *Parti Ouvrier* s'était affirmé, sur le terrain municipal ou parlementaire, comme un parti de réformes immédiatement réalisables, dans les cadres mêmes de la société capitaliste.

Je tiens surtout à attirer l'attention des socialistes sur le discours de Viviani. Ce fut une série d'arguments *ad hominem*, qui, chaque fois, ne manquèrent pas... leur homme.

Il rappelle qu'en novembre 1895, sous le ministère Bourgeois, tous les socialistes se sont rencontrés, le citoyen Jules Guesde lui-même, pour voter le maintien des lois scélérates. On est donc mal venu aujourd'hui à reprocher au ministre Millerand de s'être abstenu sur le crédit de l'ambassade au Vatican. La vérité c'est que toutes les fractions socialistes, lorsqu'elles veulent conquérir un siège législatif ou une municipalité, sont obligées à des

concessions, à des alliances avec les partis bourgeois. Est-ce qu'à Lille un maire socialiste, dont
tout le monde reconnaît l'intelligence, n'a pas ac-
cepté la collaboration de deux adjoints radicaux?

VIVIANI

« Allez dire à Lille, au mois de mai prochain, que
vous ne connaissez que des ennemis dans le parti
bourgeois. » Et puis, que fait, au Parlement, un
député socialiste, lorsqu'il présente un amende-
ment. Ne participe-t-il pas ainsi à l'action législa-

tive de la bourgeoisie? Il fortifie la bourgeoisie. —
Il l'améliore aussi, ajoute Viviani, dans le sens
socialiste. — En ce qui concerne les lois ouvrières
elles-mêmes, si l'on appliquait la théorie révolutionnaire jusque dans ses conséquences, on ne
voterait jamais les réformes les plus utiles, car les
classes bourgeoises, qui les acceptent, peuvent en
tirer un profit moral.

COLLY

Donc, tout socialiste qui sollicite un mandat législatif ou qui se fait envoyer dans une municipalité est contraint de participer à l'action législative qui est celle de la bourgeoisie et qui ne profite
qu'à elle, si la théorie de la lutte de classes est en-
visagée d'une façon aussi simpliste ou, plutôt, aussi
anachronique, par les représentants attitrés du collectivisme scientifique.

Cette thèse aboutit nécessairement, comme je

me propose de le montrer, à l'abstention absolue sur le terrain législatif ou exécutif. — Elle ne peut être admise, avec quelque raison d'être, que par les anarchistes, dans le domaine théorique, et, dans le domaine pratique, par les catégories d'ouvriers écartés, par leur situation économique, de l'exercice de leurs droits électoraux. Un socialiste maintenant dans son programme maximum l'opposition irréductible de la classe bourgeoise et de la classe ouvrière — de la classe capitaliste et de la classe salariée — jusqu'à complet anéantissement de la première par la seconde sans qu'il puisse y avoir empiètement progressif de l'une sur l'autre, joue pratiquement un jeu de dupe, s'il veut participer à une action municipale ou parlementaire. Théoriquement, il aboutit à des sophismes analogues à celui qui a résulté, au Congrès de Paris, du vote successif par les guesdistes de deux résolutions contradictoires, à une distinction casuistique entre le domaine de la théorie pure, où règne en maîtresse la sacro-sainte lutte de classes et le domaine de la vie pratique où l'on s'empresse de nier ce que l'on a affirmé théoriquement.

Gabriel Deville avait, dans la préface de son résumé du *Capital*, affirmé l'impossibilité pour la classe ouvrière de pénétrer dans l'Etat pour le transformer en l'améliorant.

« L'Etat, écrivait-il, n'est pas « l'ensemble des

services publics déjà constitués », c'est-à-dire quelque chose qui n'a besoin que de corrections par ci, d'adjonctions par là. Il n'y a pas à perfectionner, mais à supprimer l'Etat, qui n'est que *l'organisation de la classe exploitante pour garantir son exploitation et maintenir dans la soumission ses exploités.* Or c'est un mauvais système pour détruire quelque chose que de commencer par le fortifier. »

Depuis le moment où il écrivait cela, Deville a donné à son activité pratique une orientation qui contredit la réalité de son affirmation théorique. Il n'aurait probablement pas signé le manifeste écrit à l'occasion de l'entrée de Millerand au ministère Waldeck-Rousseau. Il a compris l'importance des revendications inscrites au programme *minimum*. Elles sont plus proches de la vie, moins abstraites, moins déce antes. La théorie n'est pas antérieure à la vie. Elle n'en est que la conséquence, l'expression dans le domaine intellectuel des conflits d'intérêts qui se produisent dans le monde économique. Si les nécessités de l'activité pratique, si des *circonstances exceptionnelles* amènent le prolétariat à choisir une attitude, à prendre une résolution qui soient contradictoires aux principes qui jusqu'alors l'avaient guidé, il faut étudier les principes, les soumettre à une critique éclairée, les confronter avec les exigences nouvelles de l'évolution

économique et idéologique, varier dans l'inter-
prétation qu'on leur donne, les transformer au gré
de la vie, mais ne jamais les considérer comme
immuables, le Présent a toujours raison contre le
Passé. Or les principes sont des images du passé

ARGYRIADÈS

qui persistent dans la vie présente. Ils n'ont qu'une
valeur historique. Ils nous permettent de nous
rendre compte des conclusions auxquelles ont
atteints de grands esprits qui avaient observé mi-
nutieusement les faits sociaux. Parce que nos
maîtres ont posé leurs conclusions sur l'avenir de
la société, telle qu'il se présentait à leurs regards,

nous ne devons pas cesser nos investigations per-
sonnelles, nous en remettre à eux du soin de légi-

Ebers

timer nos conceptions et nos actes. Le monde
économique subit de perpétuelles transformations.
Des découvertes imprévues le bouleversent parfois

de fond en comble. La vie politique des nations
organisées n'est pas non plus sans effet sur lui. Il
faut alors se rendre un compte exact de la nature
de ces perturbations afin de ne pas tomber dans
l'erreur où sont tombés certains socialistes français.

Karl Marx et Engels avaient étudié avec une
attention, qui fut servie par le génie, le *processus*
économique, tel qu'il se manifestait à leur époque.
Ils en avaient déduit l'existence nécessaire de deux
classes, aussi opposées par leurs intérêts qu'elles
l'étaient par les caractères de leur situation dans
la société. L'une, la Bourgeoisie ayant, entre ses
mains la totalité des moyens de production, pre-
nait *la direction de l'industrie et exploitait la classe
ouvrière*, contrainte au salariat. Mais, par suite
de la concentration capitaliste, qui mettait progressivement en un nombre de plus en plus res-
treint de mains les capitaux et rejetait en même
temps dans la classe ouvrière les petits capitalis-
tes dépossédés, le prolétariat devenait le plus
nombreux et expropriait violemment la classe capitaliste à laquelle il enlevait les moyens de production possédés, dès lors, collectivement. Engels
a très exactement précisé, dans un des chapitres
de son *Bouleversement de la Science*, cet antagonisme entre le Prolétariat et la Bourgeoisie, une
des deux classes qui produit, l'autre qui con-

somme, une qui est opprimée, l'autre qui opprime. Il a bien montré que les intérêts de ces deux classes sont antagoniques, mais que, la production se développant sans arrêt, l'existence même de ces deux classes deviendra un anachronisme et que la mission du prolétariat sera la solution de ces antagonismes, la résolution du conflit au moyen de la Révolution prolétarienne, à la suite de laquelle seront transformés en propriété publique les moyens de production sociaux qui échappent aux mains de la Bourgeoisie.

Eh bien ! cette distinction simpliste entre la Bourgeoisie et le Prolétariat n'a plus aujourd'hui qu'une valeur relative. Deux faits, dont Marx n'avait pas suffisamment escompté les conséquences, se sont produits, qui ont bouleversé les relations réciproques de ces deux classes.

Le machinisme, en se développant, a scindé la classe ouvrière en deux fractions qui ont un rôle et des intérêts immédiats différents, parfois antagoniques. A côté de l'ouvrier, spécialisé dans une profession, astreint à un apprentissage et à une supériorité physique et professionnelle, se place aujourd'hui l'ouvrier de la machine, le non-professionnel, le sans-travail, dont le rôle unique est d'assister, presque en spectateur, au jeu naturel et régulier de la machine. Celui-ci est toujours apte à remplir sa fonction. Il

n'a pas besoin d'apprentissage. La force physique
ne lui est pas nécessaire. C'est un adolescent frêle,

GÉRAULT-RICHARD

c'est un enfant, c'est une femme. Il n'a pas de
profession. Il n'est attaché à aucun genre de travail spécial. Ses salaires sont dérisoires. Il va où

SEMBAT

on l'appelle. Cette situation errante et le chômage
auquel il est astreint l'éloignent de l'organisation
syndicale. Il n'a pas d'existence légale. C'est lui le
vrai révolutionnaire, le hors la loi, le révolté par
essence. Et il sera demain, peut-être, le nombre.

Et attendant, c'est l'ouvrier professionnel qui
compte seul dans les calculs des candidats aux
mandats électoraux. Car il vote, et voilà le second
fait dont Marx n'a point envisagé toutes les conséquences. Il vote et, par cela même, il participe à
la puissance législative de la Bourgeoisie. Qu'il de-
vienne le nombre et il transformera, au mieux de
ses intérêts, les institutions dites bourgeoises. Il
est la négation vivante des affirmations théoriques de ceux qui prétendent assigner à l'Etat le rôle
unique de soutien de la prépondérance bourgeoise.
En ce moment, l'ouvrier professionnel s'organise
dans les syndicats, s'instruit dans les Universités
populaires, agit d'une façon efficace sur la législation du travail, c'est l'élément sur lequel doit
s'appuyer le socialisme parlementaire.

Eh bien ! demandez-lui s'il croit impossible d'agir,
pour l'améliorer, sur la législation bourgeoise. Demandez-lui s'il désapprouve l'entrée de Millerand
dans un ministère bourgeois? Par la bouche d'un
de ses représentants au Congrès de Paris, il vous
a déjà répondu :

« Si nous groupons les travailleurs dans les syn-

dicats, a dit Heppenheimer, nous ne sommes pas
indifférents à l'action politique, car à chaque réforme accomplie au Parlement par la minorité socialiste, les syndicats sont devenus plus forts. Leur
force a été en proportion du sentiment démocrati-
que des pouvoirs publics... L'action de Millerand
s'est déjà fait sentir : Il a réalisé ce que les autres
ministres n'avaient jamais voulu faire; il a régle-
menté le travail. Sans lui, nous n'aurions jamais
été, non plus, représentés au Conseil supérieur du
travail. Nous lui sommes encore reconnaissants
de son décret sur le travail des femmes et des en-
fants. C'est grâce à lui que les ouvriers prennent
confiance et rentrent dans les syndicats. Les ouvriers ne déchiffrent pas toujours la complexité
d'une doctrine. Ils sont éclairés quand une réforme
est accomplie. »

Des arguments de cette nature reflètent exactement l'état d'esprit et les tendances des travailleurs
syndiqués. Pour devenir aptes à remplir convena-
blement leur mission historique, ils ont besoin de
la sécurité que leur procure la présence d'un de
leurs délégués à la tête de l'un des services publics
les plus importants du pays. La Bourgeoisie leur a
donné des droits. Ils sont sur le point d'en acquérir de nouveaux. Je vous défie de leur faire admettre qu'ils aient à briser, avant de l'avoir employée
l'arme d'émancipation que la Bourgeoisie leur

accorde. C'est cependant ce que tentent de faire
aujourd'hui quelques doctrinaires du socialisme
qui, au nom d'un programme devenu abstrait,

JAURÈS HARANGUANT SON GROUPE

cherchent à détourner la fraction syndicale de la
classe ouvrière du chemin où l'entraîne le souci
de ses intérêts immédiats.

Voici quel est leur langage : « Prolétaires de
tous les pays, vous formez une classe distincte,
homogène, ayant des intérêts opposés à ceux de la

FOURNIÈRE

classe capitaliste. Celle-ci a, pour lutter contre
vous, des organes de domination. Le parlemen-
tarisme est la forme sous laquelle se manifeste, en
France, sa puissance politique. C'est en vain que

vous chercheriez à obtenir, dans les cadres de la société capitaliste, une amélioration quelconque. Votre lot est la souffrance, la famine et la mort. Votre ennemie, la Bourgeoisie, n'abandonnera aucune des places où elle s'est installée en souveraine du monde économique. Mais elle déversera dans votre sein toutes les forces bourgeoises qu'elle ne pourra point faire collaborer à sa domination et cela contribuera à accroître votre misère et votre désespoir ; si bien qu'un jour vous vous trouverez les plus nombreux et si misérables que vous exproprierez violemment les instruments de votre déchéance. Et ce sera un beau jour... »

On avait fait autrefois aux misérables de la Galilée une promesse semblable. On leur avait prédit pour un jour qui ne devait pas être éloigné le Royaume de Dieu. Et ils sont morts avant de l'avoir vu... Il en sera de même de ceux qui ont foi dans la parole des prophètes nouveaux, s'ils attendent, les bras croisés, que le moment soit venu de la grande catastrophe attendue. Heureusement qu'ils n'écoutent plus leurs prophètes, si bien que les prophètes n'ont pas renoncé à leurs beaux espoirs, — ils ont maintenu dans leurs manifestes électoraux la partie théorique — et cela s'appelle le programme *maximum* — mais ils ont élaboré une série de projets de réformes — et c'est le programme *minimum*. Les articles de ce programme

contredisent, la plupart du temps, les déclarations
théoriques qui forment le programme *maximum*.
C'est la revanche de la vie. Elle en a pris une belle,
au Congrès socialiste de Paris. Quelques théori-
ciens voulaient fermer, à tout jamais, l'entrée d'un
ministère bourgeois à un socialiste, au nom du
principe abstrait de la lutte de classes. Après de
longs débats, une motion transactionnelle a été
votée qui entr'ouvre la porte par où entrera tout
entier le socialisme réformiste.

Au cours des semaines qui précédèrent l'ouver-
ture du Congrès, *La Petite République* avait pu-
blié l'opinion des principaux militants du socialisme international sur cette question délicate.
Quoi qu'en ait pu dire Jules Guesde, il n'en est pas
un qui, étant données les circonstances exceptionnelles dans lesquelles elle s'est produite, ait cru pouvoir contester à Millerand le droit de prendre part à
une œuvre gouvernementale de défense républicaine. Mais il y en a — et ils sont en majorité —
qui vont plus loin et qui admettent la nécessité pro-
chaine pour le socialisme d'un noyau gouvernemental.

H. Van Kol dit que « les réformes efficaces de
notre programme minimum ne seront réalisées
que quand les socialistes disposeront, au moins,
d'une partie du pouvoir gouvernemental.» « Ce n'est
pas d'un seul coup, ajoute-t-il, que nous nous

TUROT

DELORY

emparerons du pouvoir, ce n'est que par un remplacement lent et perpétuel des éléments bourgeois par des éléments ouvriers, que nous devien-
drons la classe dirigeante dans la société et que

BRETON

nos idées règneront dans l'Etat. » Suivant Louis
Bertrand, « refuser d'entrer dans un ministère non
complètement socialiste serait aussi insensé que
de refuser d'entrer dans un parlement ou dans un

3

conseil municipal avant d'être majorité. » Auguste Bebel admet l'entrée d'un socialiste dans un ministère pour réaliser une tâche spéciale, avec le consentement du parti. Karl Kautsky, le marxiste intransigeant « ne peut pas prétendre que la lutte de classe interdise à un socialiste, quelles que soient les circonstances, d'entrer dans un ministère bourgeois. » (A la bonne heure !). Vandervelde écrit : « Dès l'instant que l'on admet que, dans certains cas, l'intérêt de la démocratie socialiste exige que l'on ait recours à des compromis, des alliances, des coalitions, il devient impossible de soutenir, *à priori*, que jamais, en aucun cas, et quoi qu'il arrive, les socialistes ne doivent prendre possession, partiellement, de la puissance ministérielle. »

G. Plekhanoff y voit un moyen pour accélérer la dissolution de la société actuelle. Léon Defuisseaux attribue au prolétariat le droit de participer au pouvoir bourgeois, puisque tout socialiste qui accepte un mandat, accepte par ce fait même, d'exercer une partie du pouvoir. Pierre Lavrof y voit une façon de sauver, dans certains cas, un gouvernement libéral.

Mais voici l'opinion exprimée par Henri Hyndman, le chef du parti social-démocrate en Angleterre : « Personne ne conteste, dit-il, si ce n'est les anarchistes, que l'on doive pénétrer là où c'est possible dans les conseils municipaux. Une fois là, les socialistes ne peuvent pas ne pas prendre part au travail administratif, côte à côte, avec leurs ennemis bourgeois. Des maires socialistes, même du Parti Ouvrier Français, ne sont pas, que je sache, inconnus en France. En Angleterre nous

DESLANDRES

avons des aldermen (maires), des conseillers municipaux socialistes convaincus. Leur devoir est évidemment de se servir des pouvoirs dont ils disposent pour améliorer, dans la limite du possible, les conditions actuelles d'existence des travailleurs tout en préparant la complète reconstruction de

demain, sans oublier que, représentants de la
classe opprimée, ils doivent faire tous leurs efforts
pour obtenir tout ce qui sera utile à la poursuite
ultérieure de la lutte de classe.

FABÉROT

« Je ne crois pas qu'aucun socialiste anglais ferait
la moindre objection à ce que nous fissions élire,
si nous le pouvions, un social-démocrate comme
Lord-Maire de Londres. Mais nous compterions

qu'il se consacrerait exclusivement, tant qu'il serait en fonctions, à l'amélioration du sort des travailleurs de Londres et à la diffusion des principes
du socialisme.

DELESALLE

« Je reconnais parfaitement que dans une période
de transition nous avons tout intérêt, qu'on peut
même juger que c'est nécessaire pour nous, d'agir
d'accord avec les adversaires du militarisme, de

l'*impérialisme*, du cléricalisme et que même cela peut aller jusqu'à nous obliger à entrer dans un ministère radical en France, en Belgique, en Italie ou même dans des pays protestants comme l'Angleterre. Mais je ne crois pas que le droit de décider dans un cas aussi grave, dont le contre-coup se fait sentir indirectement sur le socialisme international, puisse être laissé aux chefs du parti, quelque estimés et éminents qu'ils puissent être. »

Et il termine en disant :

« Il me semble, en effet, que le devoir d'hommes auxquels leur intelligence et leurs qualités morales ont donné une influence exceptionnelle, est de donner l'exemple de la soumission à la majorité de leurs camarades de lutte. »

Cela, aucun socialiste français ne s'est refusé à l'admettre. C'est uniquement l'absence d'un organisme socialiste unique qui a permis à Millerand de pénétrer, sous sa responsabilité personnelle, dans le ministère Waldeck-Rousseau. Pareil inconvénient ne se reproduira plus au sein du socialisme désormais unifié.

D'autres militants, tels que Herman Greulich, Robert Blatchford, Henry Quelch, Tom Mann, Keir Hardie admettent la *possibilité* pour un socialiste de participer au pouvoir gouvernemental dans une société capitaliste, mais à la condition que le parti soit assez bien organisé et assez fort pour veiller sur son représentant et lui demander des comptes. Quant à Wolmar, le célèbre député de Münich, il apporte un argument sérieux à la cause réformiste : « On parle, dit-il, des dangers, qui menaceraient nos convictions du fait de notre collaboration avec des éléments bourgeois, ce qui

LAGARDELLE

revient à dire que nos convictions seraient une chose bien fragile. Mais ne serait-il pas plus digne de nous d'avoir assez de confiance dans la force propagatrice du socialisme pour croire que, si nous agissons judicieusement, *ce seront au contraire nos idées qui contamineront les adversaires?* En vérité le socialisme est devenu aujourd'hui assez fort pour pénétrer dans les institutions bourgeoises sans risquer d'être absorbé. Il n'est donc pas trop tôt de nous affranchir enfin d'un sentiment qui a pris naissance au temps de notre faiblesse et ne peut qu'affaiblir chez nous, aussi bien que chez les autres, la confiance dans notre force. »

MARTINET

Dans sa réponse au questionnaire de la *Petite République*, Troelstra apporte une contribution théorique à la thèse réformiste. Il n'est pas de ceux qui pensent que le principe de la lutte de classes s'oppose positivement à ce que le parti socialiste ait un représentant dans le ministère. « Suivant

Constant

Létang

la conception matérialiste de l'histoire, l'évolution de la base économique de la société se répète et se consolide dans les sphères idéologiques; donc, nous ne pouvons échapper aux conséquences de notre théorie. La débâcle de la production individuelle et les progrès de la production socialiste doivent se refléter dans les organes législatifs, c'est-à-dire nous montrer un déclin continuel du pouvoir politique de la bourgeoisie, et son remplacement continuel par l'autorité croissante du prolétariat.

« Et là où dans la lutte des classes, comme dans chaque lutte, plusieurs victoires partielles sont nécessaires en vue du triomphe définitif, il est évident que le parti socialiste, plus son autorité s'accroît, plus il se trouvera placé devant l'alternative : de laisser gouverner les partis bourgeois à leur guise, ou bien de prendre la place, qui, en raison de la situation économique et politique, lui revient de droit. »

De telles paroles sont réconfortantes pour ceux qui, au dernier Congrès socialiste de Paris, ont admis une conciliation entre le principe de la lutte de classes et la participation d'un socialiste à un gouvernement, en période capitaliste.

On se rappelle qu'au moment où l'on allait voter sur la motion transactionnelle présentée par Delesalle, au nom de la majorité des membres de la

Commission (*), Jules Guesde intervint pour poser
aux militants réunis au Gymnase Voltaire une question de principe de la plus haute importance :
*Le principe de la lutte des classes autorise-t-il un
socialiste à entrer dans un ministère bourgeois?*
les représentants de 634 mandats répondirent :

FABÉROT

(*) La proposition, présentée au nom de la Commission, est
celle-ci :

Tout en admettant que des circonstances exceptionnelles
peuvent se produire dans lesquelles le parti aurait à examiner
la question d'une participation socialiste à un gouvernement
bourgeois, le Congrès socialiste déclare que, dans l'état actuel
de la société capitaliste et du socialisme, tant en France qu'à
l'étranger, tous les efforts du parti doivent tendre à la conquête, dans la commune, le département et l'État, des seules
fonctions électives, étant donné que ces fonctions dépendent
du prolétariat organisé en parti de classe, qui, en s'y instal-
lant avec ses propres forces, commence légalement et pacifi-
quement l'expropriation politique de la classe capitaliste, qu'il
aura à terminer en révolution.

Elle a été votée par 1,140 voix contre 245.

RÉVELIN

FRIBOURG

MARPAUX

JOINDY

Oui, tandis que les représentants de 818 mandats s'en tinrent à la conception simpliste de la lutte des classes, celle qui correspond à l'opposition irréductible du Prolétariat et de la Bourgeoisie, jusqu'au moment attendu de la Révolution libératrice. Or, je crois bien avoir montré que cette distinction n'a plus la valeur d'une réalité. Le Prolétariat n'est plus homogène; il est scindé en deux fractions. D'autre part, la Bourgeoisie est divisée en un bien plus grand nombre de fractions. Des luttes intestines, — luttes religieuses, luttes politiques, luttes économiques même, — nécessitent dans son sein des oppositions qui amènent certaines fractions bourgeoises à collaborer, dans une action commune, avec la fraction syndicale du prolétariat.

Dans une semblable occurrence, quelle doit être l'attitude du Parti socialiste? Doit-il, au nom d'une conception étroite et surannée de ses principes, séparer sa cause de celle des travailleurs professionnels, dont il a cherché, jusqu'à ce jour, à exprimer, dans son programme minimum, les intérêts immédiats (journée de huit heures, minimum de salaires, etc.). Est-ce au moment où ces revendications triomphent, où les partis bourgeois se déclarent prêts à les admettre, que le socialisme se désintéressera de leur réalisation? Si cette tendance, qui est celle de quelques militants, prédomine, le

socialisme sera abandonné par la grande masse des
ouvriers professionnels qui porteront au pouvoir
politique un parti nouveau. La seule clientèle du
socialisme sera désormais la masse incohérente
des ouvriers sans travail, manœuvres, travailleurs
non qualifiés, de ceux qui, n'ayant aucun droit
dans la société actuelle, ne sauraient avoir nul

CHAMPY

devoir et sont livrés aujourd'hui à toutes les solli-
citations du chômage et de la faim. Si le socialisme devient le reflet des intérêts et des espoirs de
cette classe nouvelle, il sera alors véritablement
révolutionnaire puisqu'il aura perdu sa clientèle
électorale, pour acquérir une clientèle de vaga-
bonds... sans logis et sans état-civil.

Est-ce une telle solution qu'envisagent les membres des 818 groupements qui se sont déclarés
favorables au maintien de l'ancienne conception
de la lutte de classes. Certes, l'antagonisme est
irréductible entre les sans-travail, victimes de

SEMBAT

l'ordre capitaliste, pour qui la loi d'airain existe
encore, et toutes les fractions bourgeoises. Le
même antagonisme peut exister demain entre eux
et la fraction syndicale du prolétariat si le socialisme, abandonnant la voie réformiste, qui con-

vient aux intérêts de celle-ci, n'est plus qu'un
parti d'agitation révolutionnaire aux ordres d'un
César. Mais il me semble qu'il a mieux à faire,
une plus belle attitude à prendre, et favorable aux
intérêts supérieurs de l'humanité, c'est de conci-
lier dans son sein toutes les tendances de la classe
ouvrière, c'est d'être en même temps la sauvegarde
des miséreux et l'instrument de domination des
travailleurs organisés. Au lieu d'être un jacobi-
nisme intransigeant, aux solutions simplistes, il
peut devenir, suivant la forte parole de Bernstein,
un « libéralisme organisateur. »

Décembre 1899.

4011. — Imp. de Sourds-Muets, 111 ter, rue d'Alésia

A RICHARD
ALLEMANE
PONARD
CARNAUD
GUESDE
LAFARGUE
VAILLANT
JAURÈS
BARRUCAND
GELEZ
P. MAUREL
MAXENCE RHODES

SALAMBIER
JOINDY
RASSENNE
LANDRIN
DUBREUIL
LEMIERE
ONRY
HOPPENHEIMER
CHAUSDRAT
GUYOT
DALMANT
BRIAND

TUMEREAU
DESLANDRES
PAULE MINCK
MARPAUX
ANTIDE BOYER
LAGARDELLE
La Citoyenne SORGUE
BERNHEIM
CHAUCHEPRAT
DELORY
BEAUSOLIEL
CAPJUSAN
MASSIEU
POULAIN
FOURNIERE
BERNÈDE

www.ingramcontent.com/pod-product-compliance
Lightning Source LLC
LaVergne TN
LVHW010411060726
842526LV00005B/1622